LE BATEAU
DE
BLANCHISSEUSES,
TABLEAU-VAUDEVILLE EN UN ACTE.

LE BATEAU
DE
BLANCHISSEUSES,

TABLEAU-VAUDEVILLE EN UN ACTE,

PAR MM. DEVILLENEUVE, MASSON ET CHARLES,

Représentée, pour la première fois, à Paris, sur le Théâtre du Palais-Royal, le 11 juin 1832.

PRIX : 1 FR. 50.

PARIS.
CHEZ MARCHANT, ÉDITEUR,
Boulevard Saint-Martin, N° 12, au Magasin de Pièces de Théâtre.
ET HARDY, RUE DU TEMPLE, N. 5, AU 1er.

1832.

PERSONNAGES.	ACTEURS.
Le Père CADICHON, maître du bateau.	MM. Boutin.
GRINCHET, son neveu, garçon épicier.	Paul.
GOLIATH, Carabinier.	L'Héritier.
CERFEUIL, Cuisinier.	Levasson.
FRANÇOISE, Filleule de Cadichon.	Mmes Couturier.
MADELEINE, sa cousine.	Éléonore.
MARGOT.	Leclercq.
FIFINE.	Joly.
LA PARISIENNE.	Duchemin.
LA LORRAINE.	Pernon.

BLANCHISSEUSES : Françoise, Madeleine, Margot, Fifine, La Parisienne, La Lorraine.

Blanchisseurs.
Blanchisseuses.
Faux Musiciens.

Imp. de Lottin de St.-Germain,
rue de Nazareth, N° 1.

LE BATEAU DE BLANCHISSEUSES.

Le théâtre représente l'intérieur d'un bateau de blanchisseuses; en deçà l'on voit un quai. A droite et à gauche sont plusieurs objets à l'usage des blanchisseuses, tels que cuviers, paniers à sécher, etc.

SCÈNE PREMIÈRE.

FRANÇOISE, LA PARISIENNE, MARGOT, LA LORRAINE, FIFINE, *plusieurs autres* BLANCHISSEUSES.

(Au lever du rideau, elles sont toutes les bras nus, occupées à savonner.)

CHOEUR.

Air du vaudeville des Jolis soldats.

Vite, savonnons
Fichus et jupons;
V'là la matinée
Bientôt terminée.
Vite, savonnons
Fichus et jupons;
Après nous rirons
Et nous danserons.

LA LORRAINE, *avec l'accent du pays.*

Eh! dis donc, la parisienne... quelle heure est-ce qu'il est?

LA PARISIENNE, *d'un ton prétentieux.*

Je ne sais pas, mademoiselle... j'ai oublié ma montre dans mon ermoire de cajou... à côté de mon briquet de bosphore.

FRANÇOISE.

Sa montre! fait-elle ses embarras pour un méchant oignon de chrysokale qu'alle a.

LA LORRAINE.

C'est qu'il faut bentôt vous attiffer pour la fête; on va tout-à-l'heure tirer au sort la reine du bateau.

FIFINE.

Soyez donc tranquille; le père Cadichon viendra vous prévenir quand tout sera prêt.

LA LORRAINE.

Le père Cadichon... le nouveau propriétaire du bateau... Il vient me conter des tas de bêtises du matin au soir, ce vieux cornichon là.

MARGOT.

Et à moi aussi, il me pince touzours le menton et ze n'aime pas ça.

FRANÇOISE.

Sont-elles bégueules, ces petites filles là ; est-ce qu'il n'est pas le maître sur son bateau.

LA LORRAINE.

Tiens ! voyez-vous mamzelle Françoise qui prend le parti du père Cadichon, parce que c'est son parrain et qu'il lui a promis une dot de douze cents livres.

FRANÇOISE.

Oui, à condition que j'épouserais son neveu de Pontoise, qu'il n'a pas revu depuis quinze ans et que je ne connais pas encore... Mais pas si bête, j'aime bien mieux mon Goliath.

FIFINE.

Ah ! oui... son grand carabinier.

FRANÇOISE.

Juste.

LA LORRAINE.

Un biau militaire tout d' même... cinq pieds huit pouces, sans compter la crinière.

MARGOT.

Et des moustasses en tire-boussons ! Z'adore les grands hommes à moustasses, moi.

FRANÇOISE.

Aussi, quoique mon parrain m'ait défendu d'y penser... je l'ai invité à venir aujourd'hui à la fête du bateau.

LA LORRAINE.

J' crois ben... moi, j'ai itou invité mon bon ami... un tambour-maître de la légerte, qu'arrive d'en Alger.

FIFINE.

Et moi, mon petit Dodofe... jeune apprenti-coëffeur, qui se met si bien, qu'on l' prendrait pour un numéro du journal des Modes.

MARGOT.

Moi, z'ai invité aussi M. Cerfeuil, un tuisinier très-risse, qui cerse à faire une liaison avec moi.

LA PARISIENNE.

Vous verrez l' mien aussi, mesdemoiselles ; c'est un jeune homme très-distingué, qui a reçu une inducation très-soigneuse... il est beau comme un asthme ; de plus, il est artiste.

FIFINE.

Bah ! et dans quel genre ?

LA PARISIENNE.

Dans les figurants... c'est lui qui joue les trompettes blessés au Cirque-Olympique.

TOUTES, *riant.*

Ah! ah! ah!..

FRANÇOISE.

Ne riez pas, mesdemoiselles... elle peut bien aimer un figurant, puisqu'on assure qu'elle va bientôt débuter sur le théâtre de Belleville, comme prima dona, dans l'emploi de mademoiselle Dézajet.

MARGOT.

Ah! ben, en c' cas, en attendant l'heure de la fête, faut qu'ell' nous sante un' petite sanson...

LA PARISIENNE.

Du tout, mesdemoiselles, je ne chante que sur la scène... l'odeur de la rivière m'incommode et m'intériore les cordes de la voix.

FRANÇOISE.

Ah! tes cordes... tu ferais bien mieux de t'en servir pour étendre ton linge, eh! dis donc, mame la prima donda.

MARGOT.

Laissez donc... z'y ai entendu roucouler l'autre zour le fleuve du Taze... elle le sante comme un anze.

LA PARISIENNE.

Je commence à me blasonner sur cet air là... Mais, si vous le voulez, je vas vous le dire d'après la méthode du Conversatoire, où l'on m'a appris à volcaniser.

TOUTES.

Le fleuve du Tage!.. le fleuve du Tage!

LA PARISIENNE, *avec prétention.*

Air : *Fleuve du Tage.*

Fleure du Tage,
J'essuye tes bords heureux ;
A ton visage,
Je dresse mes ayeux...
Roger, roi de la rive,
Echo, lymphe plaintive,
Adieu, je vais
Te quitterai jamais.

TOUTES.

Roger, roi de la rive, etc.

SCÈNE II.

Les Mêmes, le Père CADICHON, *chantant dans la coulisse.*

FIFINE.

Ah! v'là le père Cadichon.

TOUTES.

Bonjour, père Cadichon.

(Elles l'entourent.)

CADICHON.

Bonjour, mes petites Syrènes, bonjour...

(Il prend le menton de Margot.)

MARGOT.

Finissez donc, M. Cadisson, ze suis satouilleuse...

CADICHON.

Hum, petite sauvage... et toi, ma grosse lorraine...

(Il lui fait des agaceries.)

LA LORRAINE, *levant son battoir.*

A bas les pattes ou je joue de la raquette.

CADICHET, *riant.*

Eh! eh! eh!.. quelle charmante naïveté.

Air de Marianne.

J' crois voir quand j' les r'garde à la ronde,
Agitant leur linge dans l'eau,
Autant d' Vénus sortir de l'onde
Et savonner dans mon bateau.
Propriétaire
Sur la rivière,
J' peux embrasser, si j' veux, chaqu' locataire,
Si l'un vient s' plaindre,
Je n' dois rien craindre ;
Je fais les lois, j'ai l' droit d' les enfreindre.
J'attrapp' quéuqu's gifl's et quéuqu's ampoules,
Mais j' sais toujours braver le choc ;
Enfin, je m' fais l'effet d'un coq
Au milieu de ses poules.

A propos de poulettes... ta cousine Madeleine est-elle arrivée ?

FRANÇOISE.

Pas encore, mon parrain... ces coucous de Saint-Denis sont si lambins...

CADICHON.

Au surplus, elle est portée depuis hier sur les contrôles de mon bateau, et par conséquent elle a le droit d'assister comme une autre à la fête. (*A part.*) D'ailleurs, on la dit superbe femme... et je ne serais pas fâché d'en juger par moi-même... eh! eh! eh!.. (*Haut.*) Ah! ça... attention... mes petits amours, je viens vous faire connaître le nouveau règlement que j'ai fabriqué pour la fête de cette année.

TOUTES.

Ah! oui... le règlement! le règlement!

(Elles se pressent toutes autour de lui.)

CADICHON, *tirant un papier de sa poche et lisant.*

« ARTICLE PREMIÈRE. Les noms de toutes les dames qui as-
» sisteront à la fête seront déposés dans une urne. »

TOUTES.

Dans une urne?

CADICHON.

Ou dans une casquette, ou dans un baquet... l'objet est indéterminé... « Chaque blanchisseuse, à commencer par
» la plus jeune... » ou la plus vieille de la société... l'âge n'y fait rien; « en tirera un de la main droite, » ou de la main gauche... peu importe. « Et la propriétaire dudit nom sera
» proclamée reine dudit bateau. »

TOUTES.

Très-bien, très-bien!..

CADICHON.

« ART. 2. On n'admettra à la fête que des blanchisseuses
» et des blanchisseux... tous les autres hommes seront pro-
» hibés. »

TOUTES.

Oh! par exemple...

MARGOT.

Ze ne veux pas de ça, moi, ze me révolte.

LA LORRAINE.

A bas l'artique!..

TOUTES.

A bas l'artique!.. à bas l'artique!..

CADICHON.

Ecoutez donc jusqu'au bout. (*Lisant.*) « La reine aura le
» droit de choisir un roi en dehors du bateau, et de le faire
» admettre à la fête, quelque soit son état dans la société. »

LA LORRAINE.

Eh! ben! et nos bon amis... est-il embêtant ce père Cadichon!

CADICHON.

C'est possible... mais j'entends que mon règlement soye observé comme la charte, et avant d'aller vous mettre en toilette, vous aller me jurer...

TOUTES.

Plus souvent ..

MARGOT, *bas aux autres.*

Ne dites rien, mesdemoiselles... z'ai un prozet... zurons touzours... ça n'engaze à rien.

CADICHON.

Y êtes-vous ?

TOUTES.

Oui, oui...

(Elles étendent la main.)

Air : *Le premier pas.*

Nous le jurons,
Ici, mesdemoiselles,
Ce serment là, sans pein' nous le tiendrons.

LA LORRAINE.

Y n' s'agit point de nous montrer cruelles.

MARGOT.

Y n' s'agit pas non plus d'être fidèles.

TOUTES.

Nous le jurons. (*bis*)

(*Elles sortent toutes en courant excepté Françoise. Cadichon les suit.*)

SCÈNE III.

FRANÇOISE, *seule.*

Les v'là parties... je n'ai pas voulu leur dire que j'attendais mon Goliath, ce matin même... mais, v'là bientôt l'heure où il doit arriver... et je veux être là pour le recevoir et le prévenir du réglement de mon parrain.

SCÈNE IV.

FRANÇOISE, GRINCHET.

(Il porte sur la tête, une banette, dans laquelle est une fiole et quelques briques de savon.)

GRINCHET, *à part, en entrant.*

C'est ben ici que le bourgeois m'a dit d'apporter son savon, et son eau de javelle. (*Appercevant Françoise.*) Bon ! v'là un' blanchisseuse... (*s'approchant d'elle.*) il faut que je m'informe... ciel !..

(Il laisse tomber son panier et s'arrête devant Françoise, d'un air ébahi.)

FRANÇOISE.

Tiens, qu'est-ce qu'il a donc à me dévisager comm' ça... ce gros joufflu, en casquette ?..

GRINCHET.

C'est elle !.. l'organe correspond parfaitement au physique... (*Tombant aux genoux de Françoise.*) Magnifique créature, tu vois à tes genoux, un homme incendié par l'amour et totalement abruti par tes divers appas.

FRANÇOISE.

Dites donc, ménagez un peu vos expressions... je ne vous connais pas.

GRINCHET, *se relevant brusquement.*

Vous ne me connaissez pas ?.. rappelez-vous ce bal... il y aura dimanche trois semaines, à l'île d'amour... c'est moi qui ai dansé la septième avec vous... c'est moi qui vous ai offert ma main, accompagné d'un cœur en pain d'épice.

FRANÇOISE.

Comment, vous êtes ce garçon épicier qui m'a tant fait rire ?..

GRINCHET.

Lui-même... des pieds à la tête... si vous aviez pu être témoin de mon désespoir, quand vous êtes partie du bal... les yeux me sortaient de la tête... je poussais des soupirs affreux... j'en ai éteint trois quinquets... et quand je vous vis monter en citadine avec cet immense carabinier, qui vous accompagnait... je voulus vous suivre... mais, je ne reçus du cocher, pour toute réponse, que des coups de fouet dans la figure... et, je rentrai dans la salle de danse, le moral en désordre et le physique en lambeaux.

FRANÇOISE.

Ah ! je vous remets bien, à c'te heure... j'ai trouvé vot' pain d'épice excellent... (*A part.*) et Goliath aussi.

GRINCHET.

Ça me fait bien plaisir... aussi, depuis ce jour là, je ne pense qu'à vous... la nuit vous me donnez le cauchemar ; le jour, j'vois vot' figure partout... dans ma castonnade... dans mon jus de réglisse ou dans mon raisiné... aussi je vous dévore sous toutes les formes.

FRANÇOISE.

Et moi, qui ne m'en doutais pas, suis-je heureuse, d'être aimée comme ça.

GRINCHET.

Aussi, qu'on vienne me parler d'en épouser une autre.

FRANÇOISE.

Comment, vous refusez un mariage pour moi ?

GRINCHET.

Vous aller en juger... j'arrive de Pontoise...

FRANÇOISE.

Vous en avez bien l'air.

GRINCHET.

Sur l'Oise... pays très-renommé pour ses veaux... c'est là que je reçus le jour. L'ambition me calcinait, je me sentais né pour jouer un rôle important dans la société, et, le mois dernier, je vins à Paris, où j'eus l'honneur d'être reçu comme troisième garçon chez un épicier de la rue Mouffetard.

FRANÇOISE.

C'est un bel état !

GRINCHET.

J'étais fou de l'épicerie... j'aurais fait des bassesses pour être épicier... pour lors, comme à Paris je voulais faire mes farces, vous sentez bien que je n'ai pas été prévenir mon oncle de mon arrivée.

FRANÇOISE.

Ah !.. vous avez un oncle ?

GRINCHET.

Oui, une espèce de cruche... qui est maintenant je ne sais quoi... et qui demeure, je ne sais où... un ancien farceur aussi, lui... père Cadichon...

FRANÇOISE.

Cadichon !.. et vous vous appelez...

GRINCHET.

Nini Grinchet .. c'est un joli nom, n'est-ce pas, pour un épicier.

FRANÇOISE, *à part.*

C'est lui !.. c'est mon prétendu !

GRINCHET.

Je vous disais donc, que, mon oncle, cette susdite cruche, m'avait écrit dernièrement là-bas, qu'il voulait me marier à sa filleule... je ne la connais pas... mais je suis sûr que c'est une grande bête de fille.

FRANÇOISE, *à part.*

Merci !..

GRINCHET.

Je n'avais pas osé la refuser.. mais maintenant que je vous ai retrouvée, j'envoie promener... oncle, filleule, héritage, dot, tout !..

FRANÇOISE.

C'est très-bien, M. Grinchet.

Air : *Vaudeville de l'Ours et le Pacha.*

Chez votre oncle allez de ce pas,
Lui dir' pour arranger l'affaire ;
Que d' sa filleul' vous n' voulez pas,
Parce qu'une autre a su vous plaire.

GRINCHET.

Je cours bien vit' la refuser.

FRANÇOISE, à part.

Par ce moyen, d'lui je m'dégage,
Il faut bien que je l'encourage ;
Puisqu'il consent pour m'épouser,
A r'noncer à not' mariage.

GRINCHET.

Quel bonheur !.. je triomphe !.. enfoncé le carabinier !.. (*Il chante.*) la victoire est à moi... la victoire... (*Il s'arrête tout court en voyant Goliath qui entre.*) Dieu! v'là encore mon grand scélérat !..

SCÈNE V.

Les Mêmes, GOLIATH, *en uniforme de Carabinier.*

GOLIATH, *en entrant.*

Qu'est qu'il a donc ce particulier là, avec ses zhurlemens musicals, est-ce que c'est un comparse de la grande Opéra ?

GRINCHET, *prenant un air important, à part.*

Je crois qu'il a l'air de me vexer... (*Haut.*) Non, monsieur... je travaille dans les denrées coloniales... je vends des mèches à quinquets, et je suis un' connaissance à madame.

GOLIATH.

Une connaissance à vous, Françoise ?

GRINCHET.

Et bientôt, peut-être, quelque chose de mieux, tant pis si ça vous déplaît, monsieur Cascaret...

GOLIATH.

Qu'est-ce que c'est que ce paltoquet...

FRANÇOISE.

Ne vous fâchez donc pas... (*Bas à Goliath.*) c'est le jobard de l'île d'amour !..

GOLIATH.

L'homme au pain d'épice !..

GRINCHET, *à part.*

Il rage le Carabinier.

GOLIATH, *bas à Françoise.*

Allons toujours notre train !.. (*Haut.*) Dites donc mon petit bourgeois, est-ce que par hazard vous voudriez vous mesurer avec moi ?

GRINCHET.

Me mesurer avec vous... je ne demande pas mieux...

(*Il se place à côté de Goliath, comme pour mesurer sa taille contre la sienne.*)

GOLIATH.

Ce n'est point comme ça que je l'entends... je n'ai qu'un mot à vous dire... je me nomme Goliath.

GRINCHET.

Goliath... j'connais ça; c'était un fameux géant de l'antiquité... qui a été tué en duel, d'un coup de pierre, du tems de la fronde...

GOLIATH, *le faisant reculer en lui marchant sur les pieds.*

C'est possible... mais le gouvernement ne nous a pas mis la ligousse au côté pour éplucher des cerneaux... ainsi, vous comprenez épicier.

GRINCHET, *reculant.*

Carabinier... laissez-moi tranquille... je ne vous connais pas... et je n'ai rien à démêler avec une soldastesque effrénée.

GOLIATH.

Epicier... je vas te mettre en canelle.

GRINCHET, *reculant toujours.*

Carabinier... n'approche pas... je sens ma moutarde qui me monte au nez.

FRANÇOISE, *les séparant.*

M. Grinchet, y pensez-vous? et vous Goliath, songez que monsieur est un jeune homme honnête. (*Bas à Goliath.*) c'est un imbécille.

GRINCHET.

Oui... écoute moi, cavalier farouche... tu es grand et bien pris... moi, je suis très-aimable, et j'ai le regard agaçant et voluptueux... nous sommes tous deux amoureux de Françoise, au lieu de nous la disputer, comme des portefaix... luttons plutôt de grâces... d'esprit et d'agrémens... et qu'à la fête d'aujourd'hui, elle choisisse son vainqueur.

GOLIATH.

La proposition me paraît assez bizarre...

FRANÇOISE.

Oui, mais le réglement de mon parrain s'oppose à ce qu'aucun étranger ne vienne danser sur son bateau... seulement, celle qui sera reine aura la faculté de faire admettre son roi.

GRINCHET.

Ce sera moi.

GOLIATH.

Epicier... n'influence pas les élections.

FRANÇOISE.

Si ma cousine Madeleine était arrivée à tems de Saint-Denis. je pourrais m'entendre elle pour favoriser celui que je préfère... (*Elle lance un coup d'œil à Goliath, qui y répond.*) Mais, l'heure est passée... et maintenant elle ne viendra que pour le lendemain..

GRINCHET.

Vous avez une cousine?.. elle ne viendra que demain?. (*A part.*) Bon! mon imagination vient d'enfanter une conception hardie. (*Haut.*) Carabinier, nous sommes ennemis, la lutte est commencée, et en rival généreux, je vous offre à l'estaminet du coin, un petit verre de noyau... autrement dit, le ratafiat des braves.

ENSEMBLE.

Air : *Vaudeville de la Halle au Blé.*

Il faut partir, bon gré, mal gré...
Car déjà l'heure s'avance...

GRINCHET et GOLIATH.	FRANÇOISE.
D'avance,	D'avanc',
J'en suis assuré,	Mon cœur s'est assuré
C'est moi qui triompherai.	De c'lui que j'choisirai.

FRANÇOISE, *bas à Goliath.*

N'craignez rien, je l'promène.
(*Haut.*) Si jamais je suis reine,
J'en donne ici ma foi.
(*A part à chacun d'eux.*)
C'est vous, c'est vous... vous qui serez mon roi.

ENSEMBLE.

Il faut partir bon gré, mal gré, etc.

(*Goliath et Grinchet sortent.*)

SCÈNE VI.

FRANÇOISE, *seule.*

Bon! je suis sûre du cœur de Goliath... et quant à l'autre imbécille, je m'arrangerai si bien que mon parrain Cadichon mettra son neveu à la porte. Dieu! si je pouvais tomber à être reine, ça hâterait peut-être notre mariage.

Air : *Barcelonne si belle.* (*de Plantade.*)

Que j' s'rais heureuse et fière,
S'il régnait avec avec moi,
Sous l'casque et la crinière,
Ça f'rait un fameux roi,
Dieu! qu'ça f'rait (*bis*) un beau roi!
On n'a dans l'infant'rie

Qu' des amours passagers,
Dans la grosse caval'rie
Les homm's sont moins légers.
Que j'srais heureuse, etc.

Vlà' toutes les blanchisseuses qui ont fini leur toilette...
allons m'ocupper de la mienne.

(Elle sort.)

SCENE VII.

LA LORRAINE, LA PARISIENNE, FIFINE, MARGOT, Blanchisseuses, CADICHON, quelques Garçons de bateau, portant des verres de couleur, des guirlandes de fleurs, etc.

(Elles sont toutes en toilette.)

CHOEUR.

Air: *Je sens couler mes pleurs.* (d'Emmeline.)

Ah! quel moment
Charmant;
Pour la fête,
Enfin me voilà prête;
Ici, vraiment,
C't'ajustement
Me vaudra plus d'un compliment.
Au gré de not' désir,
En ce jour, not' toilette
Est parfaite,
Être coquette,
Et s'embellir,
C'est toujours doubler le plaisir!

CADICHON.

Mon cœur flotte... elles sont si belles!
Et je vois tant d'appas, ma foi...
Que s'il fallait choisir entr'elles,
J' prendrais cell' qui voudrait bien d' moi.

CHOEUR.

Ah! quel moment, etc.

CADICHON, *aux Garçons du bateau.*

Allons, allons dépêchons nous vous autres

Air: *Le beau Lycas aimait Thémire.*

Vite, mettez-vous à l'ouvrage...
Posez les verres de couleurs...
Et puis après, suivant l'usage,
Placez ces guirlandes de fleurs.
Que tout soit fait ainsi que je l'ordonne,
N'oubliez rien... j'vous surveille en personne.

(*Montrant la couronne.*)

Surtout, ce royal ornement,
Attachez le bien solid'ment...

Car, quelquefois une couronne,
Défris' bien du monde en tombant.

(*Il les aide à décorer.*)

MARGOT.

Ah! v'là l'orchestre qui arrive...

CADICHON.

Eh! bien qu'elle entre.

LA PARISIENNE.

Je vous préviens qu'il me faut des airs de M. *Brossini* ou de M. *Manger-Bierre*... sans ça je n'dause pas.

FIFINE.

Je parie qu'c'est encor la musique de la loterie.

MARGOT, *bas aux autres*.

Chut!.. du tout, mesdemoiselles, ce sont tous vos amoureux...

TOUTES.

Vraiment?..

MARGOT.

Que z'ai envoyé serser par mon zoli tuisinier, M. Cerfeuil.

Air: *Tenez moi, je suis un brave homme,*

Oui, c'est bien eux ze vous le zure ;
Des musiciens que l'on attend,
Ils ont pris l'nom et la tournure,
Sacun' verra son sentiment.
La Lorraine a le cor-de-sasse,
La Parisienne a le haut-bois;
Fifin' la flût', Mimi la basse,
Et moi z'ai le sapeau sinois.

LA LORRAINE.

Oh! le père Cadichon va-t-il la gober avec son réglement.

LA PARISIENNE, *avec mépris*.

La gober... quelle impression vulgaire... si vous vouliez un peu toiser vos paroles.

FIFINE.

Mais ils ne savent jouer de rien du tout, comment vont-ils s'en tirer ?

(Charivari d'instrumens qui jouent faux.)

MARGOT.

Ah! les voilà.

SCÈNE VIII.

Les Mêmes, CERFEUIL et les autres Amans des Blanchisseuses, portant les instrumens qui ont été désignés par Margot.

(Ils entrent en continuant leurs faux accords.)

LA PARISIENNE.

Ah! quelle cocophonie, ils me fricassent le tympan.

CERFEUIL.

Bon!.. le vieux jobard a le dos tourné, à nos objets...

(Ils s'approchent tous des blanchisseuses.)

CHOEUR.

Air *du Siége de Corinthe.*

Qu'ici le plaisir nous rassemble,
Grâce à notre déguisement ;
Et nous ferons marcher ensemble
La bombance et le sentiment.

CERFEUIL.

Quoiqu' mes oreill's parfois soient un peu fausses,
Je me suis fait musicien en ce jour ;
Cerfeuil sait s' mettre à toutes les sauces
Quand il obéit à l'amour.

CHOEUR.

Qu'ici le plaisir nous rassemble, etc.

FIFINE.

Mais comment avez-vous donc fait?

CERFEUIL.

Notre éloquence et six francs pour boire ont séduit les Orphées du père Cadichon, qui nous ont cédé leurs places et leurs instrumens... Maintenant, permettez que chacun de nous cueille un un tendre baiser.

MARGOT, *tendant la joüe.*

Teuillez, mon petit Cerfeuil .. teuillez.

(Ils s'embrassent.)

CADICHON, *descendant de sa chaise et montrant les apprêts de fête.*

Eh! bien... êtes-vous contentes?..

TOUTES.

Oui, père Cadichon... nous sommes très-contentes...

CADICHON.

Maintenant, mes petites poules d'eau, nous allons faire l'appel, comme à la chambre des députés... celles qui ne seront pas présentes...

CERFEUIL.

Seront inscrites au moniteur.

CADICHON.

Attention !..

Air : *Nous nous marierons dimanche.*

Qu' chacun aussitôt
Réponde tout haut,
J' commenc' par Margot...

MARGOT.

Présente.

CADICHON.

François' Levasseur ?
Mimi La douceur ?
Fifin' Jolicœur ?

MIMI, FIFINE et FRANÇOISE, *qui est rentrée habillée.*

Présente.

CADICHON.

La parisienne ?
Et la lorraine ?

LA PARISIENNE *et* LA LORRAINE.

Présente.

CADICHON.

Mad'lein' Friquet ?

FRANÇOISE.

Parrain, elle est
Absente.

CADICHON.

Faut le r'dir', je l' dois,
Pour la dernièr' fois.
Mad'lein' Friquet ?

GRINCHET, *entrant vêtu en femme.*

Présente.

SCÈNE IX.

LES MÊMES, GRINCHET.

FRANÇOISE, *allant à Grinchet.*

Tiens ! te v'là ma cousine... (*A part.*) Ciel ! l'épicier !..

GRINCHET, *vite et bas à Françoise.*

Lui-même, j'ai abdiqué mon sexe, j'ai troqué ma veste contre les habits de la bourgeoise, et je viens comme une sylphide, folâtrer au milieu des noyades.

Le Bateau.

FRANÇOISE, à part.

Dieu !.. si mon parrain le reconnait... il va me l'faire épouser de suite.

CADICHON, s'approchant de Grinchet.

Eh ! eh ! eh !.. elle est très-belle cette créature là... (lui prenant le menton.) mon petit cœur, je crois que nous nous conviendrons... vous avez un air qui me...

(Il ricane en se frottant les mains.)

GRINCHET, à part.

Allons, bon ! . v'là déjà que je fais des passions... (A Cadichon qui lui prend la main.) Mais, lâchez donc ma main.. je ne suis pas habitué ces manières là... ce vieillard est d'une témérité...

LA PARISIENNE.

Oh ! est-elle entachée de son physique... ça me cripse.

MARGOT.

Ze ne la trouve pas zolie du tout, moi.

TOUTES.

Ni moi, ni moi...

CADICHON.

Allons, allons, vous intimidez cette petite... occupons-nous piutôt de l'élection de la reine... qu'est-ce qui a un chapeau à me prêter ?..

GRINCHET, s'oubliant.

Voilà !.. que je suis bête... je n'ai qu'un bonnet à barbes...

(Il désigne le chapeau de Cadichon.)

CADICHON.

Très-bien !.. le chapeau est dans le règlement, et le billet gagnant est dans le chapeau.

(Il met plusieurs papiers pliés dans la casquette.)

FRANÇOISE, à part.

Dieu ! si je pouvais mettre la main dessus.

CADICHON.

Allons, procédons par ordre et pas de confusion.

(Il se place sur un baquet qui est sous la couronne et tient le chapeau.)

TOUTES.

(Elles mettent la main dans le chapeau, l'une après l'autre, pendant le chœur suivant.)

Air de Riquet à la Houpe.

Chacune, dans ce jour,
Aspire à la couronne,
Mais le hasard la donne,
Avançons tour-à-tour.
C'est Françoise, je croi,

Ou c'est la parisienne ;
Qui donc sera la reine ?

GRINCHET, *qui a pris le dernier billet et l'a ouvert.*

C'est moi !.. c'est moi !..

TOUS.

Vive Madeleine !.. vive la reine du bateau !..

GRINCHET, *à part.*

Bon !.. me v'là reine à c't'heure... si je prenais Françoise pour mon roi.

CADICHON.

A présent, entourons notre belle souveraine et plaçons-la sous la couronne... allez la musique...

CERFEUIL, *aux musiciens.*

Hardi, vous autres !.. presto !.. vigouroso !.. charivarizando !..

(Au même instant la musique éclate et joue faux.)

GRINCHET, *se bouchant les oreilles.*

Très-bien !

CADICHON.

Ah ! ça, maintenant que nous avons une reine, il s'agit de l'habiller, et en ma qualité d'ordonnateur de la fête, je m'ordonne de présider à sa toilette... eh ! eh ! eh !..

GRINCHET.

Et moi, je le défends... (*A part.*) il n'aurait qu'à s'apercevoir des mensonges de mon casaquin. (*Haut.*) C'est ma cousine Françoise que je nomme ma première demoiselle d'atours ! (*A part.*) En v'là une bonne idée !..

FRANÇOISE.

Moi ?.. plus souvent... (*A part.*) Et dire que je ne peux pas le fair' reconnaître devant son oncle. (*Haut.*) Tiens, cousine, v'là ton bouquet de fleurs d'orange et ta rose... arrange-toi comme tu voudras.

(Elle les lui remet.)

GRINCHET.

Françoise, je t'en conjure, habille-moi... qu'est-ce que ça te fait ?

UN BATELIER, *en dehors.*

Ohé, ohé ! les autres.. au bachot !..

CADICHON.

V'là qu'on vient nous chercher pour prendre les blanchisseuses du bateau voisin ; pendant ce tems-là la reine va se préparer pour la fête !.. (*A Grinchet.*) tu ne veux donc pas que je t'habille ?..

GRINCHET.

Non, non... et les mœurs !..

TOUS.

Partons... partons !..

CHŒUR.

Air : *Rendez-moi mon joli bateau.*

Rendons-nous dans notre bateau,
Allons-nous-en tout d' suite
Pour revenir plus vite ;
Un' promenad' qu'on fait sur l'eau
Est un plaisir toujours nouveau.

(*Ils sortent tous, excepté Grinchet.*)

SCÈNE X.

GRINCHET, *seul.*

Allons, allons, j'ai eu de la peine... mais j'aurai du plaisir... Enfin, me voilà à la fête, tandis que mon géant de rival dort et ronfle entre une bouteille de rhum et un bol de vin chaud, que je lui ai payés... car je peux me flatter de l'avoir grisé comme un porteur d'eau... comme un vil prolétaire... ce que c'est que le sort, pourtant... celui qui m'aurait dit hier, pendant que j'épluchais du cacao et que je pesais du fromage de Hollande... Grinchet, demain tu seras roi... je lui aurais répondu : Mon cher ami, vous êtes absurde... on ne fait pas des rois avec des garçons épiciers... si vous me disiez... Tu seras orateur, ministre... pair de France et de Navarre, à la bonne heure... on en fait avec tout ce qui se trouve... mais roi !.. et cependant me voilà reine !.. Est-ce heureux que la vraie Madeleine de Saint-Denis ait oublié le quantième de la fête... mais, puisque je la remplace, pensons à me couronner de fleurs... mettons d'abord ce bouquet virginal sur mon sein...

Air : *Dans un amoureux délire.*

Emblême de l'innocence,
Quand de ta modeste fleur,
J'ose ici me parer, j' pense
Que je suis un fier farceur.
N' vous fâchez pas, mesd'moiselles,
Si j' m'empare d' votre bien,
D'autant plus que chez les belles
C' bouquet là n' prouve jamais rien.
Ça ne prouve rien,
Mais ça va très-bien ;
Oui, ça va très-bien
Et ça n' prouve rien.

(*On entend du bruit.*)

Ciel! mon grand scélérat de rival!.. le v'là réveillé... il a cuvé son punch... je suis flambé.

SCENE XI.

GRINCHET, GOLIATH.

COLIATH, *entre deux vins et fredonnant.*

Air : *Je suis sergent.*

Carabinier,
Joyeux troupier,
Puisqu'il a zévu l'air de m' scier,
J' veux enfoncer mon épicier.

(*Il aperçoit Grinchet.*)

Pardon, excuse, jeune et intéressante beauté, si j'interromps votre colloque avec soi-même, pour venir sur votre bateau... je me suis mis dans le train... mais, n'y a pas d'affront, c'est l'amour qui me ramène en droite ligne...

(Il va de travers.)

GRINCHET, *à part.*

Dieu!.. que cet homme-là m'agace les nerfs!.. (*Haut et d'une petite voix.*) Monsieur le carabinier, vous ne pouvez pas rester ici... le réglement s'y oppose.

GOLIATH.

Le réglement est un imbécile... vous pouvez lui dire de ma part, que je me moque de lui, et que j'ai la permission de dix heures... d'ailleurs, blanchisseuse sensitive, vous devez excuser les tentatives de l'amour... vous m'avez l'air d'une gaillarde qui a t'éprouvé ses commotions électriques...

GRINCHET.

Monsieur, je suis une fille honnête, j'ai un certificat de bonnes mœurs du maire de Pontoise... et si vous ne sortez pas d'ici, je vais crier.

GOLIATH.

Air : *Tu n'auras pas ma rose.*

Allons, beauté farouche,
Ne faites pas d'éclat,
Qu' mon éloquenc' vous touche.

GRINCHET.

Retirez-vous, soldat!

GOLIATH.

Faut m' donner quelque chose...
Dieu!.. la superbe fleur!..

(*Il s'approche.*)

Souffrez que j'en dispose...

GRINCHET, à part.

Quell' frayeur il me cause...
(Parlé.) Finissez donc, monsieur, finissez donc...
Vous n'aurez pas ma rose,
Respectez ma pudeur...

GOLIATH, le saisissant par le bras.

Allons donc, petite panthère!.. pas tant de simagrées... quand j'ai mis une chose dans ma tête. (Il force Grinchet à se tourner vers lui.) Hein!.. qu'est-ce que je vois là?.. c'est mon bête d'épicier qui a changé de peau!

GRINCHET, à part.

Je suis reconnu, il va me détruire.

GOLIATH.

Il paraîtrait que tu t'es moqué de moi... eh! bien, j'en suis enchanté!..

GRINCHET.

Vraiment?

GOLIATH.

Ça me fait un prétexte pour te jeter à l'eau... c'est tout ce que je désirais...

GRINCHET.

Quelle barbare idée!.. je suis la plus malheureuse des femmes!.. c'était bien la peine d'être reine!..

GOLIATH.

Ah! ah!.. tu es reine?.. ça change mes inclinations sur ton personnel... je me remémore, que la souveraine du bateau a le droit de choisir un roi... je me nomme le tien à l'unanimité.

GRINCHET.

Par exemple... j'aimerais mieux lâcher les rênes de l'état.

GOLIATH.

C'est une chose convenue et arrêtée... tu me fais ton roi ou je te fais faire le plongeon.

GRINCHET.

Cruelle alternative!.. aspirez donc au pouvoir maintenant.
(On entend la ritournelle de l'air suivant.)

GOLIATH.

J'entends les chants folâtres de tous nos amphytrions aquatiques... allons, épicier... sois douce et gentille.

SCENE XII.

Les Mêmes, CADICHON, FRANÇOISE, LA LORRAINE, LA PARISIENNE, MARGOT, FIFINE, CERFEUIL, Blanchisseurs, Blanchisseuses, Musiciens.

CHOEUR.

Air : *Connaissez-vous les hussards de la garde.*

Au rendez-vous accourons, troup's joyeuses,
Pour célébrer la reine du bateau...
Chantons, amis, la fête des blanchisseuses,
Et n' laissons pas tomber l' plaisir dans l'eau.

CADICHON.

Les jours de fête ainsi que le dimanche,
D'un tas d' flâneurs nous somm's environnés ;
Pour êtr' chez nous, vit' retirons la planche,
Nous leur ferm'rons comm' ça la porte au nez.

CHOEUR.
Au rendez-vous, etc.

CADICHON.

Que vois-je!... un troupier en tête-à-tête avec la reine !

FIFINE.

Tiens ! c'est l'amoureux de Françoise.

CADICHON.

L'amoureux de Françoise...

FRANÇOISE.

Du tout, mon parrain, c'est simplement une connaissance.

MARGOT.

Dieu !.. quel zoli uniforme... si ze n'étais pas blansisseuse... ze me ferais tarabinier.

GOLIATH.

Oui, vénérable vieillard, je suis une connaissance très-comme il faut, qui, sauf votre respect... je suis invité à la fête.

LA PARISIENNE.

Mais, c'est une effraction au réglement.

CADICHON.

En effet, vous êtes dans la catérorique des hommes prohibés.

GOLIATH.

Il n'y a point de catécoliques qui tiennent... (*Montrant Grinchel.*) V'là z'une belle enfant qui pourra peut-être bien faire lever la consigne pour moi... Allons, parle, ma poulette... (*Bas.*) Si on me chasse, je te casse les reins.

GRINCHET.

(*A part.*) Cet homme a le punch bien féroce.

CADICHON.

Allons, il s'agit de commencer la fête et de nous faire connaître celui que vous avez choisi pour votre roi !..

GRINCHET, *à part.*

Puisqu'il m'y force... mettons-y de la bonne volonté. (*Haut.*) Messieurs, vous êtes assurément tous propres à régner...mais ce ne sera pas pour aujourd'hui...c'est...(*A part.*) Il me prend des envies de le démolir... (*Haut.*) C'est au carabinier que je décerne la couronne.

TOUS.

Vive le carabinier !

LA LORRAINE.

Allons, à présent, en place pour la contredanse.

TOUS.

En place ! en place !

GRINCHET, *offrant la main à Françoise.*

Mademoiselle Françoise veut-elle me faire l'honneur...

GOLIATH, *lui frappant sur les doigts.*

Minute... votre majesté se trompe de sexe... c'est moi qui aurai celui de pincer z'un rigaudon avec Françoise.

GRINCHET.

Eh ! bien, avec qui donc que je danserai, moi ?

CADICHON, *lui prenant la taille.*

Eh ! eh !.. avec moi, ma chouchoute.

GRINCHET.

Merci... je vas bien m'amuser à la fête !

(On forme trois quadrilles et l'orchestre, qui est au fond, exécute une contredanse populaire qui est interrompue par les cris de Madeleine.)

MADELEINE, *criant dans la coulisse.*

Ohé !.. ohé !.. mettez la planche, que je passe...

CADICHON, *élevant la voix.*

Qu'est-ce qui appelle, là-bas ?

MADELEINE.

C'est moi !.. je suis Madeleine, la blanchisseuse de Saint-Denis.

TOUS.

Madeleine !

GRINCHET, *à part.*

Dieu !.. v'là l'orage qui s'approche... il va me pleuvoir des coups de poing.

CADICHON.

Air *de la lune de Miel.*

J' n'y comprends rien... une Mad'leine ici,
Une aut' là-bas... quel singulier mélange;
Suivez-moi tous... que ce mystère étrange
Pour notre honneur soit bien vite éclairci.

(*Tout le monde, excepté Grnichet, va vers le fond.*)

GRINCHET.

Que devenir?.. où fuir?.. où me cacher?..
Il faut pourtant que je m' dépêche!..

(*Apercevant le panier à sécher.*)

Ah! mettons-nous sous c' panier à sécher...
Ma majesté, te voilà fraîche!..

(*Il se cache dans le panier.*)

CHOEUR.

J' n'y comprends rien... une Mad'leine ici...
Une aut' par là, quel singulier mélange;
Il faut pourtant que ce mystère étrange
Pour notre honneur soit enfin éclairci.

SCÈNE XIII.

LES MÊMES, MADELEINE.

MADELEINE.

Enfin, me v'là z'arrivée... ah! mes amis, queu misère que ces coucous de Saint-Denis... trois heures à attendre des lapins.

CADICHON.

Y n' s'agit pas de lapins... il faut nous prouver que vous êtes la vraie Madeleine Friquet.

MADELEINE.

Ça n'est pas difficile, voilà mon livret avec mon signalement... D'ailleurs, demandez plutôt à ma cousine Françoise...

FRANÇOISE.

C'est vrai, parrain, je n' peux pas dire le contraire.

CADICHON.

Ah ça! et l'autre qui s'est présentée ici sous votre nom?

MADELEINE.

Comment, une autre Madeleine?.. mais qu'elle se montre donc, l'imposteuse... c'est à moi qu'elle aura affaire.

GRINCHET, *à part et entr'ouvrant le drap.*

Il est temps que je décampe par intérêt pour mon physique...

(*Il fait quelques pas avec le panier.*)

LA PARISIENNE.

Il paraît que dans tout ça il y a eu un quicroquo.

MARGOT, *désignant le panier.*

Oh! oh!.. regardez donc... le panier à sesser qui marse tout seul...

CADICHON.

Qu'est-ce que cela veut dire?.. arrêtez-le!.. arrêtez-le!..

GOLIATH, *appuyant les mains dessus.*

Allons, panier mon ami, reste tranquille.

GRINCHET, *criant.*

Vous m'étouffez!..

GOLIATH.

Le panier n'est point seul.

(Il l'enlève.)

TOUS, *excepté Madeleine.*

Madeleine!

MADELEINE.

Ça n'est pas vrai... c'est moi qui suis Madeleine... et je vas l'y en donner la preuve, foi de blanchisseuse.

Air de la Fricassée.

Il faut nous pocher tout's les deux,
Car je suis forte
Et j'n'y vas pas d' main-morte...
Approch' ma p'tite; ici j'n'en veux
Qu'à ton bonnet, à tes ch'veux,
A tes yeux!

FRANÇOISE.

Mad'lein', calme ton courroux.

MADELEINE.

Ell' doit périr sous mes coups.

GOLIATH.

J' vois, à son air cavalier,
Qu' cett' femm' là f'rait un beau carabinier.

MADELEINE.

Il faut nous pocher, etc.

GRINCHET.

Faut-il nous pocher tout's les deux;
Mad'leine est forte
Et n'y va pas d' main-morte.
Je crois que je s'rai bien heureux
De conserver et mes ch'veux
Et mes yeux!

CHOEUR.

Ell's vont se pocher tout's les deux;
Mad'leine est forte
Et n'y va pas d' main morte.

L' mom### pour l'autre est dangereux,
Car à sa pl### j'aurais peur pour mes yeux.

GRINCHET, *à Madeleine.*

Arrêtez, femme charmante!.. arrêtez... je ne puis pas me battre en duel avec vous... l'amour m'avait rendu femme... souffrez que je revienne à ma forme primitive... car je ne me sens pas né pour être d'un autre sexe que le mien... je suis un homme!..

TOUS.

Un homme!

GRINCHET.

Parole d'honneur!

LA PARISIENNE.

Quelle étrange métamorchose!

CADICHON.

Qu'est-ce que tout cela veut dire?

GRINCHET.

Ça veut dire que j'adore la belle Françoise et que je la demande publiquement en mariage... j'ai un état.. garçon épicier, rue Mouffetard, au chat qui moud... un domicile politique à Pontoise... un beau nom... je m'appelle Nini Grinchet...

CADICHON, *étonné.*

Grinchet!

GRINCHET.

J'ai aussi une famille... qui se compose d'un oncle... un vieil imbécile d'oncle qu'on nomme Cadichon...

CADICHON.

Comment, un vieil imbécile... mais c'est moi...

GRINCHET.

C'est vous?.. (*Courant à lui.*) Permettez que je vous la souhaite bonne et heureuse...

CADICHON.

Va te promener, malhonnête... Puisque tu m'as manqué de respect, tu n'auras pas ma filleule... je la donnerai à un autre.

GOLIATH, *prenant la main de Françoise.*

Je suis l'autre, je la prends.

FRANÇOISE.

Merci, mon parrain...

GRINCHET.

Comment, c'était Françoise!.. je suis bête à couper au couteau.

CADICHON.

Ah! ma filleule, vous m'avez mis dedans.

FRANÇOISE.

Dam ! mon parrain... j'ai fait comme toutes ces demoiselles... (*Montrant les musiciens.*) V'là aussi leurs amoureux.

CADICHON.

Il se pourrait ?..

MARGOT.

Oui, M. Cadisson... on vous a zoué comme un vieux zobard.

LA PARISIENNE.

On voit ben qu'il n'a pas inventé la foudre.

GOLIATH.

Allons, père Cadichon... oubli et union, plus de confusion, et finissons la contestation à la satisfaction de l'aimable réunion.

CADICHON.

C'était mon intention, mon minion.

GRINCHET, *détachant la fleur d'orange.*

Vraie Madeleine !.. je vous rends ce symbole de l'innocence qui ne vous ira peut-être pas mieux qu'à moi... mais j'ai de la couronne par-dessus la tête, et je retourne à mon cacao.

CHOEUR.

Air *des Trois Jours.*

Qu'ici, par tout le monde,
Ce beau jour soit fêté :
Formons vite une ronde,
Et vive la gaîté !

GRINCHET, *au public.*

Air : *Un jeune troubadour.*

Devant vous nous venons
Timides et peureuses ;
Qu'ici, nos blanchisseuses
Ne r'çoivent pas de savons !
A ces dames, ce soir,
Au gré d' leur espérance,
Prouvez votre indulgence
A grands coups de battoir.

CHOEUR.

A nous toutes, ce soir,
Au gré d' notre espérance,
Prouvez votre indulgence
A grands coups de battoir.

FIN.

www.ingramcontent.com/pod-product-compliance
Lightning Source LLC
Chambersburg PA
CBHW060614050426

42451CB00012B/2255